GUILLAUME TELL,

TRAGÉDIE.

Par M. LE MIERRE.

Représentée par les Comédiens François ordinaires du Roi, pour la première fois, le 17 Novembre 1766.

A NEUFCHATEL,

Et se trouve à PARIS,
Chez Vallat la Chapelle, Libraire au Palais, sur le Perron de la Sainte-Chapelle à Paris.

M. DCC. LXVII.

PERSONNAGES.

GESLER, Gouverneur du Canton d'Uri.
GUILLAUME TELL, ⎫
MELCHTAL,   ⎪
FURST,   ⎬ Suisses, Conjurés,
WERNER,   ⎪
                                          ⎭
CLEOFÉ, Femme de Tell.
SON FILS, Personnage Muet.
ULRIC, Confident de Gesler.
GARDES.
PEUPLE.

La Scène est dans les montagnes, près du bourg d'Altdorff & du Lac de Lucerne.

GUILLAUME TELL,
TRAGÉDIE.

ACTE PREMIER.
SCENE I.re
TELL, MELCHTAL.

TELL

Cher Melchtal, est-ce toi ? quel destin fortuné,
T'a, des champs d'Undervald dans Altdorff amené ?
Que le Canton d'Uri va chérir ta présence !
Combien à nos amis tu rendras d'espérance !

MELCHTAL

Quoi ! nos Cantons, cher Tell, sont-ils si séparés !
Quoi ! mes malheurs ici, seroient-ils ignorés ?

TELL.

Qu'est-il donc arrivé ? quelle funeste atteinte ?...
Dans ce lieu retiré tu peux parler sans crainte ;
Pour tous nos entretiens nos amis l'ont choisi....
Ton cœur d'un sombre effroi paroît encor saisi.

MELCHTAL.

Le barbare Gesler !.... Ami, tu vois les larmes,
Le désespoir d'un fils.

TELL.

Dieu ! combien tu m'alarmes

MELCHTAL.

Ce cruel Gouverneur sur la Suisse élevé ;
De mes pleurs, de mon sang, Gesler s'est abreuvé ;
Nul plus que moi, cher Tell, n'éprouva sa furie.

TELL.

Nul plus que moi, Melchtal, ne hait sa tirannie ;
Mais quels sont tes malheurs ? parle.

MELCHTAL.

Au pied de ces Monts
Qui bordent Undervald & que nous habitons,
Mon Pere dans son champ conduisoit sa charue ;
Un Soldat de Gesler se présente à sa vue,
Et d'un bras forcené saisit les animaux

TRAGÉDIE.

Qui servoient à pas lents ses champêtres travaux.
Gesler l'ordonne ainsi, toute prière est vaine.
Déja le Satellite à ses yeux les emmene,
Je l'apperçois, j'y vole, & le fer à la main
Je combats de Gesler le Soldat inhumain,
Le désarme, & le force à relâcher sa proie ;
Je revole à mon Pere. Ah ! que je ne te voie
De long-tems, me dit-il, fuis, mon fils quitte moi ;
Fuis Gesler : le cruel se vengeroit de toi ;
Obéis moi, te dis-je, épargne ma tendresse,
Ne laisse point porter ce coup à ma vieillesse.
Je voulus, mais envain, combattre son effroi ;
A ses vœux, à ses pleurs je cédai malgré moi.
Je pars, j'erre en ces rocs, dont partout se hérisse
Cette chaîne de Monts qui couronnent la Suisse ;
O trop fatal exil ! pourquoi t'ai-je cherché ?
Tandis que ces Rochers me retenoient caché,
Gesler ne respirant que sang & que vengeance,
Gesler fait amener mon Pere en sa présence.
Que fait ton fils, dit-il ? ton supplice est tout prêt ;
Trouve & livre Melchtal, ou subis ton arrêt.
Mon Pere pour réponse offre au Tiran sa vie ;
Et le cruel Gesler !.... ô crime !.... ô barbarie !....

A ij

Dans les yeux de mon pere.... un glaive.... ah! je frémis ;
Le sang se glace encor dans le cœur de son fils.

TELL.

Je reconnois Gesler, & sa main sanguinaire.

MELCHTAL.

J'ai perdu par ce coup mon trop malheureux pere ;
Et quand dans les chagrins dont je suis dévoré,
Je vois qu'en le quittant, c'est moi qui l'ai livré,
A moi-même, cher Tell, j'impute son supplice ;
Et d'un monstre inhumain je me crois le complice.

TELL.

Ami, je plains ton sort, mais quel est ton dessein ?

MELCHTAL.

D'approcher du tiran, de lui percer le sein ;
De laver dans son sang le plus horrible outrage.

TELL.

C'est assés pour ta haine, & peu pour ton courage.
Dans un danger pressant, où l'on craint tout pour soi ;
La défense est forcée, & n'attend pas la loi.
Mais dans les maux publics, dans le commun murmure ;
Il faut mettre en oubli souvent sa propre injure ;
Au milieu des horreurs de ton destin fatal
Il est d'autres devoirs, d'autres soins pour Melchtal :

TRAGÉDIE.

Donne un effet plus vaste à ta juste furie,
Venge plus que ton pere.

MELCHTAL.

Eh ! qui donc ?

TELL.

La Patrie.
Vois l'abîme effroyable où nous sommes tombés,
Vois sous quel joug de fer nos peuples sont courbés.
L'ambition sans frein, l'orgueil, la violence,
Pour nous persécuter, armés de la puissance ;
Le fardeau des impôts, les emprisonnemens,
Le pillage, le meurtre, & les enlevemens ;
Sur les moindres soupçons les peines les plus dures ;
La mort multipliée au milieu des tortures ;
Plus d'ordre, plus de loix, nos privileges vains,
Le mépris ou l'oubli de tous les droits humains ;
Landenberg & Gesler, ces monstres d'injustice,
Ainsi que deux Vautours acharnés sur la Suisse,
Suivant pour toute loi dans leur autorité
Leur infâme avarice ou leur brutalité.
Non non, mon cher Melchtal, dans la publique injure
Ne borne pas tes soins à venger la nature ;

Immoler de tes maux le détestable auteur,
Ce ne seroit, crois-moi, que changer d'oppresseur:
Gesler mort, doutes-tu que l'Autriche n'envoie
Quelque nouveau tiran dont nous serions la proie?
Que dis-je? après le coup qu'auroit porté ta main
Tu n'aurois plus qu'à fuir comme un vil assassin;
Sois fils, sois citoyen; si tu hais l'esclavage,
Pour savoir en sortir il suffit du courage.
Nous pouvons tout tenter, nous avons des amis;
Dans un si grand dessein dès long-tems affermis,
Qu'avec le même zele, un même espoir t'anime,
Affranchis avec nous la Suisse qu'on opprime,
Et qu'après les forfaits dont il est l'artisan,
Gesler de nos cantons soit le dernier tiran.

MELCHTAL.

Ah cher Tell! ah! vers toi c'est le ciel qui m'envoye;
J'embrasse ton dessein, je confonds avec joye
Tous mes ressentimens, tous mes vœux dans les tiens;
Dans l'indignation de mes Concitoyens.

TELL.

Tandis que sous le joug qui l'accable & l'outrage,
La Suisse laisse encore abbattre son courage,
Uri, Schweitz, Undervald gardent avec fierté

TRAGÉDIE.

Le profond fentiment de notre liberté,
C'eft aux cœurs indomtés & tels que font les nôtres ;
C'eft à nos trois cantons à réveiller les autres :
Nous n'exciterons point des efprits énervés
Morts à la liberté dont on les a privés,
Infenfibles au joug, qui ne pourroient reprendre,
Ou conferver le bien que l'on voudroit leur rendre ;
Nous ne livrerons point de ces triftes combats,
Où la guerre civile embrâfe les Etats,
Où les concitoyens, les amis & les freres
Sont jettés au hafard dans des partis contraires ;
Où pour voir triompher un généreux deffein,
Dans un fang que l'on aime il faut plonger fa main ;
Ici le même efpoir & nous arme & nous lie,
D'un côté nos tirans, de l'autre la patrie,
Et loin que nos combats doivent la déchirer,
C'eft au bruit de nos coups qu'elle va refpirer.

MELCHTAL.

J'accepte avec tranfport ces fortunés préfages ;
Captifs fous nos tirans, nos ftériles courages,
Ainfi que fans emploi deméurant fans éclat,
Partageoient le fommeil du refte de l'Etat ;
Nous n'euffions ni vécu, ni laiffé de memoire ;

Il s'ouvre devant nous un vaste champ de gloire,
Echappés pour jamais à notre obscurité,
La vengeance nous mene à l'immortalité,
Et sans rien emprunter de la gloire étrangere
Que l'on reçoit d'un nom qui n'est qu'héréditaire ;
Annoblis par nos mains & par d'illustres coups,
La splendeur de nos noms n'appartiendra qu'à nous.

TELL.

Sans dédaigner l'éclat qui suit la renommée,
D'un plus pur sentiment mon ame est enflammée;
On a trop préféré la gloire à la vertu.
De quelque éclat qu'un nom puisse être revêtu,
Je ne m'occupe point de cet espoir frivole.
Ami, pour mon pays tout entier je m'immole ;
Qu'importe qui je sois chez la postérité ?
Nous affranchir, voilà notre immortalité ;
Que de si grands desseins par nos mains s'accomplissent,
Que la Suisse soit libre, & que nos noms périssent.

SCENE II.
TELL, MELCHTAL, FURST, WERNER.

TELL.

Approchés, mes amis, Melchtal connu de vous,
Pour nos projets communs se joint encore à nous.
Du féroce Gesler son pere est la victime,
Et vous pouvés juger du zele qui l'anime,
Puisqu'il a comme vous à venger son pays,
Comme concitoyen, & son sang, comme fils.

FURST.

Nos nouveaux députés sont rentrés dans la Suisse ;
Mais sans avoir d'Albert pû fléchir l'injustice ;
Ils ont vû rejetter leur plainte avec mépris.

WERNER.

On nous oppose, ami, Zug, Lucerne, Glaris ;
Ces cantons, qui d'Albert devenus la conquête,
A son joug dès longtems ont présenté leur tête.
Albert nous offre encor ses superbes bontés,
Si nous voulons fléchir devant ses volontés :
Autrement plus de paix pour nos tristes provinces :
Et l'affreux Lieutenant du plus altier des Princes,

Ne va de jour en jour au crime encouragé,
Qu'appesantir le joug dont ce peuple est chargé.

TELL.

Etrange aveuglement ! étrange tyrannie,
Qui croit d'un peuple entier corrompre le génie ;
Et qui ne veut pas voir qu'il n'est point de traité,
Qu'il n'est point de partage avec la liberté !
Est-ce ainsi qu'aujourd'hui ce Prince dégénere
De l'austere équité de son vertueux pere ?
Est-ce ainsi que Rodolph nous a jadis traités ?
Nos droits, tant qu'il vécut, furent tous respectés;
La liberté tranquille au pied de nos montagnes,
De ses rustiques mains cultivoit ces campagnes :
Et sans craindre de voir dans nos fertiles champs,
Tous nos fruits moissonnés par la faulx des tirans,
L'abondance avec nous habitoit nos aziles,
Et la félicité descendoit sur nos villes.
Albert a tout détruit par son orgueil jaloux ;
Sans songer que son pere étoit né parmi nous ;
Et que si dans l'Autriche Albert reçut la vie,
La Suisse étoit toujours sa premiere patrie.
Mais, si nous haïssons ce prince impérieux
Combien son Emissaire est-il plus odieux ?

TRAGÉDIE.

Hé comment endurer que dans un rang précaire
On affecte, on exerce un pouvoir arbitraire ?
Comment souffrir un homme ambitieux & vain,
Qui n'est que créature & se fait souverain ;
Qui sans cesse abusant du pouvoir qu'on lui laisse,
Montre son insolence autant que sa bassesse,
Esclave intéressé de l'Autriche qu'il sert,
Le tiran des cantons, & le flatteur d'Albert ?
Il est tems, mes amis, de sortir d'esclavage :
Ensemble il faut venger notre commun outrage ;
Tous les autres partis seroient envain tentés.
Je l'avois bien prévu que tous nos députés,
N'obtenant rien d'Albert contre sa créature,
Ne nous rapporteroient qu'une nouvelle injure ;
De nos antiques mœurs la sauvage âpreté,
Le nerf de nos vertus, fruit de la pauvreté,
Nous ont fait dédaigner, nous ont fait méconnoître
D'un peuple ami du luxe, & qui vit sous un maître ;
C'en est trop : les humains nés libres, nés égaux,
N'ont de joug à porter que celui des travaux.
Amis, que parmi nous la valeur rétablisse
Les droits de la nature & l'honneur de la Suisse.
Avec les maux publics, dont le poids est sur nous,
Vous souffrez d'autres maux qui ne sont que pour vous :

Envers toi, cher Melchtal, Gesler fut un barbare,
Werner, envers vous-même un ravisseur avare :
Jurons tous que ce chêne, honneur de ces hameaux,
Ne sera point couvert de feuillages nouveaux,
Qu'à vos vaillantes mains la mienne réunie
N'ait de nos trois cantons chassé la tirannie.
Protege, Dieu puissant, un peuple vertueux,
Un peuple né vaillant sans être ambitieux,
Qui, hors de ces rochers peu jaloux de s'étendre,
Ne veut point conquérir, mais ne veut point dépendre.
Je jure, mes amis, le premier dans vos mains
De verser tout mon sang pour changer nos destins.

FURST.

Je jure que mon bras servira ton courage.

WERNER.

Par le même serment avec toi je m'engage.

MELCHTAL.

Nul ne fut par Gesler outragé plus que moi ;
Et c'est le cri du sang qui garantit ma foi.

TELL.

Peu d'éclat, mes amis, suivra notre entreprise ;
Loin de ces mouvemens dont la terre est surprise ;
Loin des soulevemens où des peuples voisins,

TRAGÉDIE.

Le peuple qui s'agite entraîne les destins ;
Nous n'aurons signalé que le patriotisme ;
L'homme n'admire guere un si simple héroïsme ;
Gesler même est trop vil pour que dans l'Univers
Il nous soit glorieux d'avoir rompu nos fers,
Et peut-être l'orgueil qui dans la tirannie,
Se plaît à supposer toujours quelque genie ;
Voyant quel insensé nous a donné des loix ;
Nous dédaignera-t-il jusques dans nos exploits ;
Sans voir quel poids nos mœurs donnent à notre injure ;
Et qu'aux obstacles seuls la valeur se mesure :
Mais sauvons la patrie, & si dans l'avenir,
Du joug que nous portions nous avons à rougir ;
Ah ! du moins la vertu sans cesse fatiguée
De cette estime encore aux tirans prodiguée ;
Des éloges forcés que depuis si longtems
Au milieu de la haine arrachoient leurs talens,
Par le vil oppresseur qui nous tient sous sa chaîne ;
Verra la tirannie en mépris comme en haine,
Et pour l'honneur des mœurs & de l'humanité ;
Le dernier des mortels dans le plus détesté.
J'apperçois Cléofé ; qu'elle ignore nos trames :
Ayez le même égard, mes amis, pour vos femmes.

Sans doute le projet entre nous concerté
N'a rien à redouter de leur légereté ;
Mais pourquoi leur donner des allarmes cruelles ?
Les dangers sont pour nous, le repos est pour elles ;
Et toute confidence inutile au dessein
Part de peu de courage, ou d'un cœur incertain.

SCENE III.

TELL, CLEOFÉ.

CLEOFÉ, *après avoir regardé attentivement*
& avec inquiétude les amis de Tell.

Pourquoi vous séparer ? par quelle défiance
N'osez vous donc ici parler en ma présence ?

TELL.

J'épargne à ton repos des discours importuns ;
De tristes entretiens sur nos malheurs communs ;
Hé que te serviroit le récit de nos craintes,
Les cris des mécontens, & d'impuissantes plaintes
Sur le joug odieux à ce peuple imposé,

TRAGÉDIE.

Et qui depuis longtems devroit être brisé ?
N'avoir pu vous défendre ! ah ! c'est-là notre honte !
De votre liberté nous vous devions mieux compte,
De votre sûreté nous étions les garans,
Et quand nous vous laissons sous la main des tirans
Vous pouvez justement à nos foibles courages,
Autant qu'aux oppresseurs, reprocher vos outrages.
Mais des maux de l'Etat que du moins sous vos toîts,
La paix de la famille adoucisse le poids.
Goutez sans trouble au moins ces charmes domestiques,
En entendant gronder les tempêtes publiques....
Quitons ces lieux.

CLEOFÉ.

Arrête ; & de veiller sur nous,
De nous tant protéger, montre toi moins jaloux.
Vous le voyez assez, le désastre où vous êtes
N'est l'ouvrage du sort, ni le fruit des défaites,
C'est l'esprit général une fois relâché,
Le soutien étranger que ce peuple a cherché,
Qui seuls ont de l'Etat renversé la fortune ;
Lorsque l'Etat périt, c'est la faute commune,
Et s'il est un remede, il doit venir de tous.

TELL.

Hé ! pouvons nous jamais nous séparer de vous !

CLEOFÉ.

Pourquoi donc affecter avec moi ce mistere ;
Et te cacher de moi comme d'une étrangere ?
Que les femmes ailleurs dans l'Etat soient sans voix,
Qu'ailleurs leur ascendant fasse taire les loix,
Où les mœurs ne sont rien, il n'est rien qui surprenne ;
Mais chacune de nous est ici citoyenne,
Chacune toujours libre, & partageant vos droits ;
En cultivant ses champs, s'occupe de ses loix ;
Et si dans vos conseils, si dans vos assemblées,
Vos femmes avec vous ne sont point appellées ;
Ah ! sans doute ce fut le chef-d'œuvre des mœurs,
Qu'on ait cru que l'hymen, que l'union des cœurs,
Dans votre volonté ne montrant que la nôtre,
Ce qu'un sexe décide est consenti par l'autre.
Si c'est sous votre garde & par vos soins guerriers,
Que nous vivons en paix au sein de nos foyers,
Le soin de vos enfans étant ce qui nous touche ;
Les premieres leçons sortent de notre bouche :
C'est nous qui de nos loix leur inspirons l'amour,
L'esprit qu'à vos Conseils ils porteront un jour.
Et des lieux où jamais nous ne serions comptées,
Il nous faudroit attendre en esclaves traitées,

L'impérieux

TRAGÉDIE.

L'impérieux décret que vous auriez porté !
Non ; où la force agit, plus de moralité,
Plus de devoirs pour nous, & la loi ne nous lie,
Q'autant qu'elle est par nous reçue & consentie.
Tu parles de tyrans ; que nous importe à nous
D'être esclaves par eux, ou de l'être par vous ?

TELL.

Nous vos tirans ! ah Dieu ! cette loi qu'on déteste,
Cette loi du plus fort, ce droit lâche & funeste,
Par qui dans les Cités tout ordre est perverti,
Sur vos têtes par nous seroit appesanti !
Dans une République où la liberté sainte
Ne se maintient qu'entiere & sans la moindre atteinte ;
L'heureuse égalité qui lui sert de soutien,
Ce titre si sacré pour chaque citoyen,
Dont tu vois dans l'Etat nos ames si jalouses,
Seroit anéanti pour nos seules épouses !
Non, nous connoissons trop, nous gardons mieux vos droits ;
Fondés sur la justice & le respect des loix,
L'amour en est garant autant que l'honneur même.
Peut-on jamais vouloir asservir ce qu'on aime ?

CLEOFÉ.

Commence donc ici par ne plus m'éviter

B

Et de vos entretiens cesse de m'écarter.
TELL.
Bannis la défiance.
CLEOFÉ.
Et toi bannis la feinte.
TELL
Tu connoîtras l'erreur de ton injuste plainte.

SCENE IV.
FURST, TELL, CLEOFÉ.
FURST.

AH ! savez-vous quel bruit se répand sourdement ?
Le Gouverneur ici craint quelque mouvement.
On dit, que des complots pour prévenir les suites,
Il place autour d'Altdorff de nouveaux satellites,
Et cachant le courroux dont il est transporté,
Pour tromper les mutins feint de s'être écarté.
TELL.
A part, en se tournant vers Furst.

Sachons quels sont ces bruits ; voyons ce qu'il faut faire ;
Connoissons ce qu'il faut qu'on craigne ou qu'on espere.
CLEOFÉ.
Tu viens de voir Melchtal, & j'apprends ses malheurs :

TRAGÉDIE.

De ſes reſſentimens s'il rempliſſoit les cœurs !
Son arrivée ici cache un deſſein peut-être ;
Lui-même à tout moment on peut le reconnoître.
Que je crains l'amitié qui t'unit à Melchtal !

TELL.

Eloigne, Cleofé, ce préſage fatal.
Sortons, examinons. Aux ſoldats qu'il raſſemble,
Aux meſures qu'il prend, je vois que Geſler tremble.
Il montroit une fauſſe & vaine fermeté :
Il craint dans tous les cœurs ce cri de liberté ;
Il craint ce premier droit de ceux qu'on perſécute,
Qui de la tirannie amene enfin la chute.

Fin du premier Acte.

ACTE II.

SCENE PREMIERE.
GESLER, ULRIC.

ULRIC.

Oui Seigneur c'est ici, c'est du moins vers ces lieux;
Qu'on a vu s'assembler de ces séditieux,
Désormais dans Altdorff votre seule présence
Peut imposer encore à l'aveugle licence,
Et prévenir l'effet de tous ces mouvemens
Qui semblent augmenter de momens en momens;

GESLER.

Je suis bien indigné qu'une horde grossiere
Contre l'autorité leve sa tête altiere ;
L'habitude des fers ne pourra donc agir !
Dans sa chaîne toujours je l'entendrai rugir.

TRAGÉDIE.

ULRIC.

Vous connoissés, Seigneur, quelle humeur inflexible
Rendit à vos bontés tout ce peuple insensible,
Leur orgueilleuse main repoussa la faveur.
Ce que votre bonté n'a pu sur leur hauteur,
Pensez-vous aujourd'hui que la rigueur le puisse ?
Ils conservent l'espoir de révolter la Suisse,
Rien ne peut détacher leur esprit indomté
De ce fantôme vain qu'ils nomment liberté.
Les murmures partout, les plaintes retentissent,
Et tous ces mécontens l'un par l'autre s'aigrissent.

GESLER.

En discours impuissans laisse-les tout oser,
Se débattre en leurs fers.

ULRIC.

     Ils peuvent les briser.

GESLER.

Non ; des plaintes, crois-moi, la frivole licence,
Sert à donner le change à leur impatience ;
Ce peuple la soulage en croyant s'y livrer ;
Quelque superbe espoir qui les puisse enivrer,
Dans ces ames qu'au frein ma puissance accoutume,
S'il est quelque vigueur, la plainte la consume.

Non, ce n'est plus, Ulric, ce peuple de Gaulois,
Fier de son origine, & qu'on vit autrefois
Dans la témérité de ses fougues guerrieres,
Las d'habiter ses rocs, embrâser ses chaumieres,
Pour se forcer lui-même au-delà de ses monts
A chercher par le fer des Pays plus féconds ;
Et bravant des Romains la puissance suprême
Jusqu'aux bords de la Saône attaquer César même.
Sous le joug féodal tout ce peuple abattu
A perdu dès longtems son antique vertu ;
Et de tant de vaillance à lui-même funeste,
L'opiniâtreté, voilà ce qui lui reste.
Loin de le redouter, j'amenerai le tems
Où ces esprits hautains devenus impuissans ;
A force de porter leur chaîne appesantie,
Ne la sentiront plus ; où ces mots de patrie,
Ces mots de liberté, quoiqu'encore entendus ;
A leur oreille, ami, ne retentiront plus,
Où les destins passés de ce peuple farouche
Ne seront plus enfin qu'une fable en sa bouche.

ULRIC.

Cependant ces cantons de l'Autriche ennemis
Lui résistent encor, lorsque tout est soumis.

GESLER.

On ne peut les gagner, il faut donc les réduire.
Rodolph ménagea trop leurs droits qu'il dut détruire.
Ce peuple, au lieu d'un maître, avoit un protecteur :
Ils vivoient fous l'Empire & non fous l'Empereur.
Son fils, moins indulgent & meilleur politique
N'a point plié son sceptre à leur vœu chimérique :
Et si de ce pays il m'a fait Gouverneur,
Du rang qu'il m'a donné je soutiendrai l'honneur.
Pour réprimer ce peuple & son audace extrême,
J'irai plus loin encor qu'Albert n'iroit lui-même.

ULRIC.

Hé que résolvez-vous ?

GESLER.

D'armer avec le tems
Tous les autres cantons contre ces mécontens,
Et d'entraîner ainsi dans la chaîne commune
Ce qui reste à domter d'une horde importune.
Je vais, en attendant, je vais plus que jamais
Resserrer dans leurs fers ces esprits inquiets.
Puisqu'à mes loix, Ulric, ils veulent se soustraire ;
Je déployerai sur eux le pouvoir arbitraire.
Vouloir les gouverner, sur un plan modéré,

B iv

C'est traiter avec eux, c'est régner à leur gré,
C'est conduire leurs pas dans la route éclairée
Qu'avant nous leur raison leur a déjà montrée :
C'est d'elle, & non de nous, qu'ils dépendent alors :
Que dis-je ? leur laisser l'examen des ressorts,
Nous mêmes c'est sur nous tourner la dépendance :
Et s'il vient un moment où leur obéissance
Doive suivre soudain nos ordres absolus,
Trop faits à nous juger, ils n'obéiront plus.
Notre conduite ainsi seroit donc incertaine,
Nos ordres limités, notre autorité vaine ?
Il faut, pour s'assurer de leur soumission,
S'asservir leur pensée, éteindre leur raison ;
Et leur donnant des loix bizarres, inutiles,
Ne laisser que l'instinct à leurs esprits serviles.
Peuple indocile & vain, dont l'aveugle hauteur,
Ainsi que mes bontés, croit braver ma rigueur,
Il n'est rien que je n'ose & que je n'imagine
Pour abaisser l'orgueil où ta haine s'obstine.
Je te gouvernerai seulement par l'effroi,
Le front dans la poussiere & tremblant devant moi :
Sous mon joug, quel qu'il soit, il faut que tu fléchisses,
Et respectes de moi tout, jusqu'à mes caprices ;

TRAGÉDIE.

Et qu'enfin ton esprit par la crainte domté
N'ose plus rien vouloir que par ma volonté.
(Il donne son chapeau à Ulric.)
Tiens,.... de la liberté tel fut jadis l'emblême....
J'en veux faire un trophée au despotisme même :
Je prétends que ce peuple asservi sous ma loi
Rende à ce signe vain le même honneur qu'à moi.
Qu'on l'attache à l'instant au milieu de la place ;
Que sans lui rendre hommage aucun mortel n'y passe.
Prens ma garde, parois devant ces mécontens,
Et reviens m'informer du succès que j'attens.

SCENE II.
GESLER, *seul.*

Oui, de l'autorité tout acte despotique
Est dans d'habiles mains un ressort politique.
On a trop condamné l'affront dont au Sénat
Un Empereur altier couvrit le Consulat,
Et tous ces autres traits de libre fantaisie
Que se permit des grands la puissance hardie :
Qu'importe le moyen ou le signe employé,

Pourvu que sous la loi le peuple soit ployé;
Pour frapper les esprits, hé! faut-il tant d'étude?
Les signes ont toujours conduit la multitude,
Et pour être reçus, pour être respectés,
Il suffit qu'au hazard ils lui soient présentés.
Hé que sont dans les cours tant de signes frivoles;
Des rangs & des honneurs arbitraires symboles?
Quel vrai rapport ont-ils à l'objet du respect
Qu'on voulut qu'aux esprits imprimât leur aspect;
On attache l'idée, & l'on obtient l'hommage,
Ce qu'inventa l'orgueil se soutient par l'usage.
Le signe que je donne aura plus d'un effet;
Il façonne à mon joug tout ce peuple inquiet
Et portant les mutins à quelques imprudences,
Peut m'éclairer encor sur leurs intelligences.
Je ne puis croire encor le trouble général,
De l'audace d'un fils quand j'ai puni Melchtal;
J'ai cessé de poursuivre un jeune téméraire,
Qui lui-même en fuyant m'avoit livré son pere:
N'est-ce point ce Melchtal, dont l'esprit factieux,
De la rebellion allume ici les feux,
Et qui de son canton, par ses amis peut-être,
Dans Altdorff.... mais je vois un inconnu paroître

TRAGÉDIE.

Ce vêtement est simple & me cache à ses yeux ;
Je veux l'entretenir un moment dans ces lieux.
Le hazard peut offrir une clarté soudaine.
(*A ses Gardes qui se retirent derriere un rocher*).
Qu'on s'éloigne un instant. Sa démarche incertaine...

SCENE III.
MELCHTAL, GESLER.
MELCHTAL.

QUEL seroit ce mortel dont l'aspect importun...
S'uniroit-il à nous pour l'intérêt commun ?
Aucun de mes amis ne se présente encore,
Qui peut les arrêter ?

GESLER.
Il hésite, il ignore
Qui je suis.... avançons .... Instruisez-moi. Sait-on
Quels nouveaux mouvemens ont troublé ce canton ?

MELCHTAL.
On sçait que sous Gesler.... que pourrois-je vous dire ?

GESLER.
Vous parlés de Gesler.

MELCHTAL.
Je ne puis vous instruire

Le peuple voit assés qu'il n'est plus de repos,
Et sous de dures loix n'augure que des maux.
GESLER.
Le peuple aime à former des présages sinistres ;
Il hait souvent la place autant que les ministres ;
Aux soupçons de tout tems son esprit est ouvert ;
Mais enfin, s'il se plaint, ce doit être d'Albert.
MELCHTAL.
Albert ne connoit pas le sort de nos provinces,
Albert ne voit pas tout, c'est le malheur des princes.
GESLER.
C'en est un dans l'Etat qu'il soit des mécontens ;
Et leur parti, dit-on, s'est formé dès-longtems.
MELCHTAL.
Il n'est point de partis, & même il n'en peut être ;
Le murmure commun s'est assés fait connoître.
Partout le joug public pese d'un poids égal ;
Mais que peut la vertu dans le sort général !
Le Ciel qui voit nos maux, qui les permet encore,
Leur a marqué sans doute un terme que j'ignore.
GESLER.
Ce peuple avec rigueur, je l'avoue, est traité ;
Mais à de douces loix lui-même a resisté ?

Vainement la faveur, vainement les promesses....
MELCHTAL.
Hé ce sont ces faveurs, hé ce sont ces caresses
Qui, plus que tout le reste, ont aigri les esprits ;
C'est à la violence ajouter le mépris,
Que d'oser chez un peuple, aussi libre que brave,
Forcer la volonté d'être elle-même esclave :
Mais envain aux esprits on crut donner ce pli,
Ce peuple aime mieux être opprimé qu'avili.
GESLER.
Qu'il s'étonne donc moins que la rigueur agisse.
MELCHTAL.
Et Gesler de se voir si haï dans la Suisse.
GESLER, *avec violence.*
Haï !
MELCHTAL, *après un silence.*
C'en est assés. Rompons cet entretien.
Vous servés les tirans ; je cherche un citoyen.
GESLER.
Arrête.
MELCHTAL.
Et de quel droit ?

GESLER.

Arrête, téméraire!

MELCHTAL.

Eh quoi! du Gouverneur serois-tu l'émissaire?

GESLER.

Gardes, qu'on le saisisse.

MELCHTAL.

O surprise! o fureur!
Suis-je aux mains de Gesler?

GESLER.

Oui, traître.

MELCHTAL.

Ah Dieu!

SCENE IV.
ULRIC, MELCHTAL, GESLER, GARDES.

ULRIC.

Seigneur,
J'accours vers vous. Sachez....

MELCHTAL.

Ah fortune cruelle!

TRAGÉDIE.

ULRIC.

Reconnoissés le fils de Melchtal.

GESLER.

Toi, rebelle!

MELCHTAL.

C'est toi, monstre, & mon cœur n'en a rien pressenti!
Ma haine à ton aspect ne m'a point averti!
Le Ciel qui veut ma perte, & qui veut mon outrage,
En t'offrant mes yeux te soustrait à ma rage!
Loin d'un pere & laissant ses jours sous le couteau,
Près de toi, sans avoir reconnu son bourreau,
Inhabile à venger une tête si chere,
Deux fois un sort cruel m'a fait trahir mon pere.

GESLER.

Allés, & dans la tour qu'on entraîne ses pas.

MELCHTAL.

Poursuis, tiran, poursuis, comble tes attentats;
Que ta fureur s'épuise à me chercher des crimes;
Dans la même famille immole deux victimes;
Puni moi des malheurs où je suis parvenu;
Mais puni moi surtout de t'avoir méconnu.

SCENE V.
GESLER, ULRIC.

GESLER.

Ce traître dans Altdorff ! avoir eu l'insolence
De paroître en ces lieux après sa résistance !
Mais le sort me le livre. Eh ! depuis quand crois-tu
Que dans les murs d'Altdorff ce rebelle ait paru ?

ULRIC.

Sitôt que de son pere il a sû le supplice
Sans doute ; mais j'ignore....

GESLER.

Il faut qu'il m'éclaircisse:
Soudain dans ses discours je l'ai vu s'arrêter ;
Il s'est fait violence & n'osoit éclater ;
Il se déguise envain , & sa seule présence
Montre qu'il arrivoit conduit par la vengeance.
Mais cependant , Ulric , ai-je enfin d'un coup-d'œil ;
De ce peuple à mes piés fait tomber tout l'orgueil ?

ULRIC.

Jusqu'ici sous vos loix on fléchit dans la place ;

Nul encor de Gesler ne brave la menace,
Et leur soumission......

GESLER.

Je te l'avois bien dit.
Va, c'est ainsi, crois-moi, que le peuple est conduit:
C'est par sa propre main qu'on lui forge sa chaîne.
Qu'importe des esprits le murmure ou la haine?
Le coursier obéit à la plus foible main,
Il ignore sa force, & c'est son premier frein.
Va, cours interroger ce jeune téméraire;
Porte sur ces discours un examen sévere,
J'attendrai ton rapport: & cet audacieux,
S'il formoit des complots, va périr à leurs yeux.

(*Ils sortent.*)

SCENE VI.

TELL, *entrant par le milieu du théâtre.*

Le tiran dans ces lieux! tandis que dans la place,
D'un côté la bassesse & de l'autre l'audace!...
Dieu! devant quel objet ce peuple est prosterné!
Quoi! c'est peu de gémir à son joug enchaîné;
Il baise encor la main de celui qui l'insulte!

C

Le despotisme exige & peut trouver un culte !
O honte ! opprobre insigne, & qui scellant nos fers,
Passe tous les affronts que ce peuple a soufferts !
Est-ce là ce canton jusqu'ici sans foiblesses,
Qui brava les tirans jusques dans leurs caresses ?
L'offre de la faveur n'avoit pû l'ébranler,
La menace l'étonne, & je le vois trembler.

SCENE VII.

FURST, TELL, WERNER.

TELL.

Vous voyés, mes amis, quel est notre esclavage !
L'oppression partout ; chaque jour un outrage !

FURST.

Ah ! nous perdons Melchtal, il vient d'être arrêté.

TELL.

Lui ! Melchtal ! hé comment ! quelle fatalité !

FURST.

De Gesler il a dû redouter la colere,
Gesler sur les chemins eut plus d'un emissaire
Dont la fureur vénale & les yeux ennemis

Après le pere encore auront cherché le fils.
TELL.
Et nous pouvons souffrir un tiran si farouche
Et sur de tels affronts que ce soleil se couche,
Ce moment nous flétrit, il nous ravit Melchta
De notre liberté, qu'il soit l'heureux signal.
FURST.
Ah ! tu ne peux douter que mon cœur ne partage
Ton indignation à ce nouvel outrage.
Mais dans les grands desseins, où tous nous avons part,
Donner trop au courroux, c'est donner au hasard.
Devant tous les châteaux que nous devons surprendre,
Et nous & nos amis nous ne pourrions nous rendre.
N'attaquer aujourd'hui que Sarne & Rotzemberg,
Ce seroit avertir le cruel Landenberg,
Cet autre affreux tiran dont les mains vengeresses
Auroient bientôt muni les autres forteresses.
Il faut pour le succès de nos communs efforts,
Il faut en même tems investir tous les forts.
TELL.
Hâtons nous, fais marcher sous diverse conduite
Vers les divers châteaux notre intrépide Elite.
Tandis qu'avec Werner moi j'irai sur le lac,

Dans l'ombre de la nuit m'emparer de Kuſ-nac.
Et ſi par d'heureux coups dignes de nos ancêtres,
De ces différens forts nous nous rendons les maîtres,
Bornons-là nos exploits, ſachons être aſſés grands
Pour ne pas nous ſouiller du ſang de nos tirans;
Et les traînant au loin, juſques ſur nos frontieres,
Marquons leur ces rochers & ces monts pour barrieres.

Fin du ſecond Acte.

TRAGEDIE. 37

ACTE III.

SCENE PREMIERE.
GESLER, ULRIC.

GESLER.

Quoi ! c'est peu de Melchtal ! un autre téméraire
Dans le même moment s'expose à ma colere :
Dans la place, malgré l'ordre que j'ai donné
Un seul debout, Ulric, quand tout est prosterné,
Il signale en public son imprudente audace,
Enseigne la révolte en bravant ma menace !

ULRIC.

Seigneur, par votre garde il vient d'être arrêté ;
Il va, chargé de fers, vous être présenté.

GESLER.

Ah ! qu'il va payer cher son crime & mon injure !

C iij

Hé quel est ce mortel ?

ULRIC.

Sa fortune est obscure.
C'est un de ces humains, qui courbés dans leurs champs,
De la terre avec peine arrachent les présens :
Mais dans son sort obscur, Seigneur, dans sa bassesse,
Il s'est fait remarquer longtems par son adresse :
Une fleche, dit-on, sous son coup d'œil certain
Frappa toujours le but au sortir de sa main.

GESLER.

Hé ! lorsqu'on l'a saisi pour venger mes injures,
Tu n'as point dans le peuple entendu de murmures ?

ULRIC.

D'un désir curieux tout le peuple excité,
En tumulte a couru, le voyant arrêté :
Ils murmuroient, Seigneur ; mais pour sa délivrance,
On n'ose rien tenter, au moins en apparence ;
Nul ne s'est déclaré pour lui servir d'appui.
Au milieu de ce peuple, en foule autour de lui,
Le prisonnier marchoit, sans que sur son visage
On vît du repentir le moindre témoignage ;
Je ne sais quoi d'altier paroissoit dans ses yeux.

GESLER.

Puis-je en douter ? il est de ces séditieux,
Qui troublant en secret ce canton par leur plainte,
A mon autorité voudroient porter atteinte.
Qu'on amene Melchtal, je veux le confronter
Devant l'audacieux que l'on vient d'arrêter.
Un secret sentiment qui flatte ma vengeance
Me dit qu'avec Melchtal il est d'intelligence :
Mais n'eût-il point de part aux troubles des cantons,
M'avoir désobéi, voilà ses trahisons ;
Tant d'audace à mes yeux le rend assés coupable,
Lui-même des complots il sera responsable.

SCENE II.
GESLER, TELL, *enchaîné*.

GESLER.

Approche, vil mortel. Quelle témérité
Révolte ton néant contre ma volonté ?
Quel es-tu pour m'oser refuser ton hommage ?

TELL.

Un citoyen, Gesler, lassé de l'esclavage.

GESLER.

Fremis, audacieux, Gesler s'est déclaré ;
Sous le signe qu'il donne il veut être honoré.

TELL.

Honoré ! de quel droit parmi nous veux tu l'être ?
Dans toi, dans Albert même, avons nous donc un maître?
Et s'il dut t'envoyer, si tu fus revêtu
De tant d'autorité, quel usage en fais-tu !

GESLER.

Méconnoître mes loix & braver ma puissance !

TELL.

Te jouer jusques-là de notre obéissance !

GESLER.

Est-ce à toi d'en juger ? c'est à toi d'obeir.

TELL.

C'est à toi de tout craindre en te faisant haïr.
La Suisse est sous le joug, mais pour être asservie,
Pour être aux fers, crois tu qu'elle y soit endormie ?

GESLER.

Tu troublois ce canton.

TELL.

Toi seul tu l'as troublé,

En assujettissant tout ce peuple accablé,
En ajoutant aux maux que font tes injustices ;
Tant de bizares loix que donnent tes caprices.

GESLER.

Mortel opiniâtre, aveugle en ta hauteur,
Hé que t'en coutoit-il pour obéir ?

TELL.

L'honneur.
Hé ! quelle loi jamais paroît indifférente,
Dès qu'on voit le dessein de la rendre insultante ?
Quels sont les gens de cœur au courage nourris,
Dont le sang ne s'enflâme aux marques du mépris ?
Et c'est un peuple entier né pour l'indépendance,
Dont tu peux à ce point tenter la patience,
Qu'à tant d'indignités tu crois accoutumer !
Est-ce trop peu pour toi que d'oser l'opprimer ?

GESLER.

Rebelle, j'ai souffert trop-longtems ton audace,
Au lieu de m'imploerr, de demander ta grace,
D'aller la mériter en remplissant ma loi,
En saluant l'image ou j'ai voulu....

GUILLAUME TELL;

TELL.

Qui ! moi !
Moi ! j'irois réparer ton chimérique outrage ;
En refusant, Gesler, de te rendre l'hommage
Que tu viens d'exiger de ce peuple avili,
J'ai soutenu nos droits qu'il mettoit en oubli ;
J'ai vengé mon pays des jeux de ton caprice,
J'ai montré que l'honneur est encor dans la Suisse.
Toi, connois un orgueil & plus noble & plus grand ;
Renonce le premier aux respects qu'on te rend,
Et songe, en rougissant de la honte où nous sommes,
Que ce n'est pas ainsi qu'on commande à des hommes.

SCENE III.

ULRIC, GESLER, TELL, MELCHTAL.

ULRIC.

Votre autre prisonnier amené dans ces lieux,
Seigneur, vient sur mes pas reparoître à vos yeux.

GESLER *à Melchtal, qui donne un signe de désespoir en voyant Tell.*

Tu le connois ?

MELCHTAL.

Ah Dieu ? quelle fureur t'anime !
Cher & malheureux Tell ! Eh ! quel est donc son crime ?

GESLER.

Tu quittois ton Canton pour le chercher ici ;
Traîtres, de vos desseins c'est m'avoir éclairci.

MELCHTAL.

Je quittois mon Canton ! hé ! pouvois-je, barbare,
Quand d'un pere immolé ta fureur me sépare,
Pouvois je demeurer sous l'image des coups
Qu'aux rochers d'Undervald lui porta ton courroux ?

Je vins répandre ici dans cette horrible injure
Au sein de l'amitié les pleurs de la nature :
Mais je ne croyois pas, en m'approchant de lui,
Respirer avec toi le même air aujourd'hui.
Après m'avoir puni sur mon malheureux pere,
Punis moi sur moi-même, assouvis ta colere :
Mais lorsque ton courroux se fera satisfait,
Tu perdras ta vengeance & tu n'auras rien fait :
Et si tu crois devoir ordonner nos supplices,
Punis les trois Cantons, tous trois sont nos complices.

SCENE IV.

GESLER, ULRIC, TELL, MELCHTAL, CLEOFÉ & son Fils.

CLEOFÉ *à la garde.*

Je veux voir mon époux : vous m'arrêtez en vain.
Ah ! Gesler ! ah ! cruel ! hé quel est ton dessein ?
Le refus d'un égard si vain pour ta puissance
A-t-il à cet excès allumé ta vengeance ?
Veux-tu dans ta fureur poursuivant mon époux

TRAGÉDIE.

Sur son fils & sur moi faire tomber tes coups ?
Ah ! si ton cœur est sourd à ma foible priere,
Que mon fils, qu'un enfant désarme ta colere ;
Vois ses pleurs, son effroi, c'est la tout son apui :
Qui peut parler pour nous plus puissamment que lui ?
Si de l'humanité tu braves le murmure,
Seras-tu sourd encor au cri de la nature ?
Si le Ciel t'a fait pere, une si douce loi
Est-elle en autrui même étrangere pour toi ?

TELL.

Arrête, Cléofé ; dans tes vives allarmes,
Quelle main cherches-tu pour essuyer tes larmes ?
Melchtal est devant toi : peux tu donc recourir
Au bourreau de son pere, & croire l'attendrir ?....
Qu'ordonnes tu, barbare ?

GESLER.

     Au milieu de la place,
Je devois par ta mort châtier ton audace :
Je change de pensée. Ecoute, tu te plains
Que j'asservis la Suisse à mes caprices vains :
Mais enfin cette loi que toi seul viens d'enfreindre,
Qu'il falloit respecter, qu'au moins il falloit craindre,
Arbitraire peut-être, absurde si tu veux,
N'avoit rien de pénible & rien de dangereux ;

C'étoit l'ordre d'un jour, c'étoit la loi commune ;
Tu l'as bravée ; hé bien je vais t'en prescrire une,
Arbitraire de même & plus dure pour toi,
Qui sera ton supplice ou du moins ton effroi.
On dit que par ta main une fléche lancée
Vole aisément au but où tu l'as adressée ;
Pour punir ton audace & ta témérité,
Je remets tes destins à ton habileté,
Voilà ton Fils ; je veux qu'une pomme à ma vue
Sur sa tête à l'instant par toi soit abattue.
Qu'on entoure son fils, gardes, répondés m'en.

CLEOFÉ.

Barbares, arrêtez.

TELL.

Oses-tu bien, tiran ?

CLEOFÉ.

Respectez une mere.

TELL.

Un enfant ta victime

CLEOFÉ.

J'aiguise ta fureur.

GESLER.

Viens expier ton crime ;

Viens aux yeux de ce peuple autour de nous rangé
Dans cette même place où tu m'as outragé.

CLEOFÉ.

Il n'ira point; tu vois mon désespoir horrible;
Je vaincrai malgré toi ta fureur inflexible;
On fi ton cœur la fuit, tu ne m'arracheras
Mon fils qu'avec la vie & fanglant dans mes bras.

MELCHTAL *rapidement.*

Barbare! quoi! partout tu poursuis la foibleſſe!
Ces deux âges facrés l'enfance & la vieilleſſe,
Tout ce qui peut fléchir même la cruauté
N'eſt qu'un attrait de plus pour ta férocité.

GESLER.

Songe à remplir mon ordre.

TELL.

O fureur inoüie!...
Et tu pourrois penſer que ta rage aſſouvie.....
J'expoſerois mon fils à périr par ma main.

GESLER.

Obëis, ou ton fang......

TELL.

Frappe donc, inhumain.

Arrache moi ce cœur tendre autant qu'intrépide,
Qui vole entre mon fils & ta haine homicide,
Ce cœur que ta barbare & lâche invention
Fait palpiter d'horreur & d'indignation:
Peux tu bien te flatter qu'un pere ici partage
Contre son propre sang tout l'excès de ta rage?
Peux tu, lui prescrivant une exécrable loi,
Tiran, le croire encor plus féroce que toi?

GESLER.

Non, pour te dérober à la loi que j'impose,
Vainement pour ton fils ta tendresse compose:
Je t'ai donné mon ordre, on ne peut l'éluder;
Je veux être obéi, mourir n'est pas céder.
En remplissant ma loi, la fortune ou l'adresse
Sont la ressource encor que ma bonté te laisse:
Tu peux me satisfaire & conserver ton fils.
Mais si ton cœur s'obstine, & si tu n'obéis,
Tu péris pour ton fils, mais sa mort est certaine,
Je l'immole avec toi.

TELL.

      Quelle rage inhumaine!

CLEOFÉ.

Ah malheureuse! ah Tell!

       GESLER,

TRAGÉDIE.

GESLER.

Tu connois ton arrêt.
Va chercher une fléche, un arc, que tout soit prêt;
Gardes, vous le suivrés. Consulte ta tendresse,
Je puis te pardonner seulement ton adresse;
Dans la place d'Altdorff que son fils soit conduit.

TELL.

Grand Dieu! protege un pere au désespoir réduit

SCENE V.

CLEOFÉ, GESLER.

CLEOFÉ *aux Soldats.*

INHUMAINS! vous pouvés.... vous servés sa furie,
Vous m'enlevés mon fils, vous m'arrachés la vie.
Non tiran, non barbare, il est un Dieu vengeur,
Il ne souffrira pas dans ce jour plein d'horreur
Que de nouveaux forfaits s'amassent sur ta tête :
Il en est qu'il permet, il en est qu'il arrête.
Prens garde : le plus grand de tous les attentats,
Et peut être le seul qu'il ne pardonne pas,

D

C'est de fouler aux pieds la débile innocence,
Et ces droits si touchans d'un âge sans défense.
Tu peux, lâche & féroce, oublier aujourd'hui
La loi qui dans les cœurs trouve le plus d'appui
La plus universelle ainsi que la plus pure;
Mais il n'est point de cœurs liés par la nature,
Point de cœurs généreux & faits pour la sentir,
Où le cri de mes maux ne doive retentir;
Chaque mere témoin de ta rage effrénée,
Craignant de ta fureur la même destinée,
Me servant contre toi de juge & de soutien,
En t'arrachant mon fils, croira sauver le sien.
Oui, je me flatte encor que tant de violences,
Des familles partout vont armer les vengeances;
Et qu'enfin mon pays purgé de tes forfaits,
Du joug de tes pareils sera libre à jamais.

SCENE VI.
GESLER, ULRIC, MELCHTAL,
GESLER.

Je trouve un châtiment digne de leur audace ;
Qu'on emmene Melchtal. Nous, courons vers la place.

Fin du troisième Acte.

ACTE IV.

SCENE PREMIERE

CLEOFÉ, *désespérée, se jettant sur un tronc-d'arbre.*

Que devient-il ? où suis-je ? où vais-je ?... les cruels !
Où porter ma douleur, & mon trouble mortels ?
Pour écarter mes pas une garde est placée ;
Mes cris n'ont pû percer & ma voix s'est glacée.
Comme ils l'ont entraîné tout palpitant d'effroi,
Dans les pleurs, dans les cris, les bras tendus vers moi !
Ah Gesler ! ah tiran ! ah mere infortunée !
Gage trop malheureux d'un si cher hymenée !
Dieu ! n'ai-je pu voler au secours d'un époux
Sans exposer mon fils à ces horribles coups ?
Et le peuple le souffre ! & d'un regard stupide

Ils peuvent contempler la fureur d'un perfide ;
Les pleurs de mon époux, les dangers d'un enfant !
Mes maux font un spectacle ! ô trop affreux instant !
L'heure avance ! ô terreur ! je crois voir dans la place.....
Sous la fléche mortelle... ah ! tout mon sang se glace....
Le jour d'un voile épais se couvre devant moi.....
Je succombe à l'horreur ... je me meurs dans l'effroi.
(Elle reste quelque tems évanouie).
Quel mouvement au loin me porte un nouveau trouble !
Quel tumulte sinistre ! il approche, il redouble,
Le peuple se disperse avec des cris confus ;
On me voit, on m'évite ! ah ! mon fils ! tu n'es plus ;
Tu n'es plus ! je suis mere, & je puis te survivre !
Non, au même tombeau je jure de te suivre.
Mais on vient, je frissonne : Apprenez moi mon sort :
Ne me consolés point, mon fils sans doute est mort.

SCENE II.

CLEOFÉ, FURST.

FURST.

Non, il vit, Cléofé; le Ciel vous le renvoie.

CLEOFÉ.

Il vit! Ciel! est-il vrai! je succombe à ma joie.

FURST.

Dans la place d'Altdorff près d'un arbre attaché,
Aux yeux de tout ce peuple interdit & touché,
Il attendoit son sort: le Gouverneur arrive,
Il traverse avec Tell cette foule attentive;
Tell voit son fils, s'arrête, & jette vers le Ciel
Un regard où se peint son désespoir mortel.
Le tiran qu'enflammoit la soif de la vengeance,
Laisse voir dans ses yeux sa barbare espérance;
Tout le peuple en silence observe avec terreur.
Cependant votre époux surmontant sa douleur,
S'éloigne à la distance où le tiran l'éxige,
Il tire; & soit hazard, soit qu'un si grand prodige

A la nature seule eût été réservé,
La pomme est abatue, & son fils est sauvé.
Le peuple vers le ciel pousse des cris de joie ;
De Tell dans tous les cœurs le bonheur se déploie ;
Plus ils trembloient pour lui, plus son habileté
A sortir d'un péril si grand, si redouté
Vient d'enflammer pour lui leur ame soulagée,
En admiration la pitié s'est changée,
Et l'inhumain Gesler que sa fureur trahit,
A peine à renfermer l'excès de son dépit.

CLEOFÉ, appercevant de loin son fils que le peuple lui ramene.

Ah ! je cours vers mon fils, mon cœur vers lui s'élance.
Venés, fuyons l'aspect du monstre qui s'avance.

FURST, a part.

Nous, saisissons l'instant où le cruel Gesler
Devient plus odieux, & mon ami plus cher.

SCENE III.

TELL, GESLER,

TELL.

Barbare! près de toi quel ordre me ramene ?
Laisse moi respirer de cette horrible scene,
Laisse sécher les pleurs qu'elle m'a fait verser ;
Te montrer à mes yeux, c'est la recommencer.

GESLER.

Tu sçavois de Gesler quelle étoit la menace,
Tu sçavois à quel sort t'exposoit ton audace,
J'ai fait ton châtiment seulement d'un danger;
Songe que d'autres coups auroient dû me venger;
Et pour les jours d'un fils quand tu cesses de craindre,
Lorsque tu l'as sauvé, cesse enfin de te plaindre.

TELL.

Oui, oui, je l'ai sauvé, j'étois sûr de ma main,
Crois-tu, si du succès je n'eusse été certain,
Que je t'eusse obéi... Barbare! ah ciel! insulte,
Insulte à ma tendresse, à mes sens en tumulte;

Mets ton indigne joie à retourner, cruel,
Le trait encor resté dans ce sein paternel.
Tigre qui de mon sang brûlois de te repaître ;
Assassin de mon fils autant que tu peux l'être,
Ta fureur espéroit qu'un coup d'œil incertain,
Que la nature même égareroit ma main ;
Le ciel n'a point voulu que mon fils fût ta proie,
Le ciel voulut t'ôter cette barbare joie :
Mais mon cœur s'en est-il senti moins tourmenté ?
Etoit-ce moins un prix horrible à remporter ?
On a vu des tirans exercer la vengeance,
Donner dans leurs transports la mort à l'innocence ;
Mais calculer ses coups, mais porter dans un cœur
L'image du danger pire que le malheur,
Lui faire ainsi souffrir tous les maux qu'il redoute,
De ce poison mortel l'abreuver goutte à goutte,
C'est un art d'opprimer inconnu jusqu'à toi.
J'ai fait ta volonté ; quelle que fût ta loi,
Tu me l'as vu remplir ; une assez rude peine,
Un supplice assez grand m'acquitte envers ta haine ;
Laisse moi m'éloigner, rends moi ma liberté.

GESLER.

A toi qui me bravois, dont la témérité.....

Est-ce là ton attente ? est-ce là ma promesse ?

TELL,

Quel est ce nouveau trait de ta scélératesse ?
Perfide ! Quels sont donc ces indignes détours ?
Que prétens tu ?

GESLER.

D'un fils tu conserves les jours ;
Je veux bien t'épargner pour prix de ton adresse,
Tu m'outrageas, tu vis après ta hardiesse,
Rends grace à ma clémence.

TELL.

O sort ! ô vœux trahis !

GESLER.

Mais quelle fléche encor vois-je sous tes habits ?
Traître, tu la cachois ; qu'en prétendois tu faire ?

TELL.

Ce que j'en aurois fait !

GESLER.

Oui, répons, témeraire.

TELL.

Si mon malheureux fils eût péri par ma main,
La fléche que tu vois, t'auroit percé le sein ;

Gesler arrache la fléche.

Et de son meurtrier punissant la furie,
J'eusse encor d'un tiran délivré ma patrie.

GESLER.

Qu'on le charge de fers, qu'on l'ôte de mes yeux ;
Allez, délivrez moi de cet audacieux.
J'ordonnerai bien-tôt le châtiment du traître ;
Il servira d'exemple.

TELL, *à part.*

Et d'époque peut-être.

SCENE IV.

GESLER, ULRIC.

GESLER.

Un tel excès d'audace en un rang aussi bas !

ULRIC.

Il est de ces mortels dans les plus vils états,
De ces audacieux aigris par leur bassesse,
Qui pour se distinguer n'ont que la hardiesse,
Plus leur sort est obscur, plus leur rang est abject,
Plus ils osent franchir les bornes du respect ;
Point de milieu pour eux, la crainte ou la licence,

L'obéissance extrême, ou l'extrême insolence :
Ne prétendant à rien, qu'ont ils à ménager ?
Pour changer de fortune, ils bravent le danger,
A leurs yeux insensés la révolte est la gloire.

GESLER.

Son orgueil sur le mien n'aura pas la victoire,
Et dès ce jour..... Mais non, ne précipitons rien,
Ce traître dans Altdorff n'étoit pas sans soutien.
Tu le vois, sa fureur attentoit à ma vie,
Et jusqu'à s'en vanter, le perfide s'oublie.
Ce n'est point tout d'un coup qu'avec sécurité
On s'éleve en public contre l'autorité ;
Que la rébellion la plus impatiente,
Avec tant de fureur dans une ame fermente ;
Il faut dans les esprits, à tout événement,
S'être formé de loin un secret ralliment :
Tout annonce en ce traître une ame fanatique,
Une volonté forte & qui se communique,
Il est un vrai complot ; mais ce dessein hardi,
Ailleurs que dans Altdorff doit être approfondi.
Tout le peuple avec joie a vu sa résistance,
Cette témérité flattoit leur impuissance ;
Ils aimoient un mortel qui sembloit en leur nom

TRAGÉDIE.

Venir briser le joug où j'ai mis ce Canton,
Et cet heureux succès qu'il doit à son adresse,
De leur secret triomphe augmente encor l'ivresse.
Non ne laissons point croire aux esprits prévenus,
Que contre mon pouvoir on osoit encor plus ;
Des regards de ce peuple éloignons le perfide,
Eloignons ce Melchtal que le même esprit guide ;
Je veux dès ce moment pour mieux m'assurer d'eux,
Moi-même dans Kus-nac les conduire tous deux :
La pour développer leurs intrigues obscures
Pour tirer leur aveu j'emploirai les tortures.
La verité connue, il me suffit, Ulric,
Sans rendre dans Altdorff leur crime trop public ;
Je rétablirai l'ordre; & quant à ces rebelles,
Quant aux autres mutins entrés dans leurs querelles ;
J'étudierai les coups que je dois leur porter,
Et le sévère arrêt que je sçaurai dicter,
Me païra bien du tems où mon courroux s'arrête.
Sur le lac à l'instant qu'une barque soit prête,
De ce bord isolé qu'on la fasse approcher,
Cours, vole, cher Ulric, & reviens me chercher :
Ils connoîtront Gesler, ils apprendront, les traîtres,
Si c'est impunément qu'on s'attaque à ses maîtres.

Fin du quatrième Acte.

ACTE V.

SCENE PREMIERE.

CLEOFÉ, FURST.

FURST.

Ou courez vous ? ô Ciel ! & quel est ce transport?

CLEOFÉ.

Tu peux abandonner tes amis à leur sort?
Tu souffres qu'entraînés dans cet horrible piége ;
Sous les coups du tiran ..... Mais de quoi m'étonné-je !
Tu viens de voir mon fils dans la place exposé
Aux fureurs d'un barbare, & tu n'as rien osé:
C'étoit là le moment de soulever la Suisse,
Tu l'as perdu : va, fuis, redoute le supplice ;
Craints Gesler, mêmes absent; tu n'éviteras pas

TRAGÉDIE.

Les yeux qu'il va partout attacher à tes pas ;
Victime sans honneur de l'amitié trahie,
Avec tes compagnons crains de perdre la vie ;
Fuis, dis-je, ou de leur sort encor plus effrayé,
Traître envers ton pays, comme envers l'amitié,
Sans exposer tes jours au danger de la fuite,
D'ennemi des tirans, fais-toi leur satellite ;
Et cours de ton pays recherchant les soutiens,
Distribuer la mort à tes concitoyens.
Je cours vers eux : le sang qui coule dans mes veines
Est le sang généreux de ces républicaines,
Qui du haut des ramparts de Zurich assiégé,
Forcerent à la fuite Albert découragé.
Je vais de ce pas même, oui, je cours éperdue
Chercher à mon époux dans la foule inconnue
Des défenseurs plus vrais & plus sûrs mille fois
Que tous ces vains amis dont il avoit fait choix.

FURST.

Ah ! de votre douleur redoutez l'imprudence.
Plus que vous ne croyez, l'instant heureux avance,
Où de ses oppresseurs ce peuple est délivré.

CLEOFÉ.

Que dites vous ? comment ? quel sort inespéré....

FURST.

Pour venger la patrie & toutes nos injures,
Nous n'avons attendu vos maux, ni vos murmures;
Et l'infâme Gesler par ses derniers forfaits,
Précipite aujourd'hui l'effet de nos projets.
Tandis que sur le lac infesté par ses crimes,
Le perfide lui-même entraîne ses victimes,
C'est sur le même lac que le brave Werner
A couru vers Kuf-nac & dévancé Gesler :
Avec impatience au-delà de la rive,
Werner & tous les siens attendent qu'il arrive;
Et fondant tout-à-coup sur ce lâche mortel,
De ses barbares mains ils vont délivrer Tell.

CLEOFE.

Et vous ne suivez point le transport qui les guide?
Vous n'êtes point jaloux d'aller sur un perfide
Porter les premiers coups ?

FURST.

Regardez cette tour *
Qui des hauteurs d'Altdorff domine sur ce bourg,
Ce fort dont le nom seul est l'insulte publique,
Et le triomphe affreux du pouvoir despotique;

* Ce Fort s'appelloit Bride-Uri.

Là mettant à profit l'absence de Gesler,
Nous devons tous entrer, chacun cachant un fer;
Un de nous vers la nuit doit dans la forteresse
Nous introduire tous par une heureuse adresse.
Contre un monstre puissant la ruse est notre appui,
Et si nous l'employons, le crime en est à lui.
Une fois dans le fort notre troupe élancée,
Une fois de ses murs la garnison chassée,
Nos mains de toutes parts aux châteaux des tirans
Porteront & la hache & les feux dévorans,
Jusqu'en ses fondemens détruiront leur azile.
Attendés ces grands coups d'un esprit plus tranquille.
L'heure approche où je dois rejoindre mes amis,
Plus de retardement ne peut m'être permis;
Je vais, par les effets confirmant ma promesse,
Justifier ici l'espoir que je vous laisse,
Tandis qu'ailleurs Werner court, frappant d'autres coups,
Et délivrer Melchtal & vous rendre un époux.

SCENE II.
CLEOFÉ.

Au calme de l'espoir mon ame est donc r'ouverte!

Le hazard tient encor l'entreprise couverte !
Par mes vœux, par mes pleurs le ciel seroit fléchi,
Mon époux délivré, mon pays affranchi !
Acheve Dieu puissant, entraîne dans l'abîme
Un monstre sur lui-même aveuglé par le crime.
Ne souffre plus sur nous ce tiran redouté,
Ni qu'en nous ravissant les biens dont ta bonté
A de tous les humains fait le commun partage,
Son orgueil sacrilége attente à ton ouvrage......
Mais quel nuage affreux sur Altdorff épaissi
A mes yeux effrayés couvre l'air obscurci !
Le lac mugit au loin & la foudre qui gronde
Mêle encor ses éclats au tumulte de l'onde.....
Les vents par intervalle entendus dès long-tems
Annonçoient en effet ces dangereux instants.
Tout mon cœur se remplit de mortelles allarmes :
Ah ! pour perdre un tiran, grand Dieu, prens d'autres armes :
Ou, s'il doit être en proie aux vagues en courroux,
Daigne les applanir pour sauver mon époux !
Hélas ! l'orage augmente & ma priere est vaine....
O désastre ! ô terreur ! ah je respire à peine.....
Mon époux va périr..... Juste ciel ! confonds-tu
Dans le même destin le crime & la vertu ?.....

Me trompé-je ! les vents déjà loin du rivage
Semblent chasser la foudre & porter le ravage....
Dieu ! serois-je exaucée en ce triste hazard !
Le calme sur ce bord est-il venu trop tard ?
Sans relâche frappée en ce jour trop funeste,
L'orage se dissipe & ma terreur me reste.

SCENE III.
MELCHTAL, CLEOFÉ.

CLEOFÉ.

En croirai-je mes yeux ? eh quoi, Melchtal, c'est vous
Je vous vois seul ; parlés ? reverrai-je un époux ?
Qu'avez vous fait de Tell ?

MELCHTAL.
Il est libre.
CLEOFÉ.
Qu'entens-je
MELCHTAL.

Au comble des revers notre fortune change.
Nous traversions le lac, & Gesler, l'œil sur nous,

Lui-même exécutant l'arrêt de son courroux,
Voguoit sur notre barque avec toute sa suite :
Soudain l'air s'obscurcit, l'onde s'enfle & s'agite,
Et les vents en fureur déchainés sur les flots
Déconcertent l'effort & l'art des matelots.
Déja Gesler pâlit, & tremble pour sa vie ;
Le ciel semble en effet punir sa barbarie :
Mais c'est sur son orgueil qu'avec étonnement
Nous avons vû tomber le premier châtiment.
Admirés avec moi le ciel dont la puissance
Abaisse des humains & confond l'insolence.
Tandis que tout s'alarme, & Gesler & les siens,
Que l'orage s'accroît, que l'art est sans moyens,
On avertit Gesler, que, conducteur habile,
Tell seul peut commander à la vague indocile :
A cet avis propice, autant qu'inattendu,
Un cri partout s'éleve, & l'espoir est rendu.
Gesler est combatu, Gesler fremit de rage,
Mais le péril pressant, mais l'aspect du naufrage,
De tous les passagers les cris impérieux,
Son pouvoir éclipsé devant celui des Cieux,
Tout le force à céder. Gesler contraint sa haine;
De Tell avec dépit il détache la chaîne ;

TRAGÉDIE.

Tell passe au gouvernail en ces extrémités,
Exigeant que Melchtal soit libre à ses côtés :
Quel spectacle ! un tiran que la vengeance anime,
Forcé d'avoir recours à sa propre victime,
Voyant le sort des siens, son destin tout entier
A la seule merci de son fier prisonnier.
Tell du milieu du lac arrache, non sans peine,
La barque que la vague aussi-tôt y ramene,
La pousse vers un bord moins battu par les flots
Où la pointe d'un roc s'éleve sur les eaux.
L'espérance renaît, il s'efforce, il approche,
S'élance en un clin d'œil avec moi sur la roche,
D'où repoussant du pied la barque & nos tirans,
Nous les avons plongés dans les flots écumans.

CLEOFÉ.

Ce n'est donc point envain, juste Ciel, qu'on t'implore !
Mais que fait mon époux ? quel soin l'arrête encore ?

MELCHTAL.

Il m'envoyoit vers vous en cet evénement
Pour vous instruire ici de ce grand changement ;
Et sauvé du danger, sa premiere pensée
Est d'ôter la terreur qu'il vous avoit laissée.
Au bord de ces rochers il est encor resté,

Pour voir quel est le sort d'un tiran détesté.
Cependant on accourt de loin sur son passage,
Les uns de ces rochers, les autres du rivage :
Ils cherchent un mortel qui peut tout surmonter,
Que le péril approche, & semble respecter.
De revoler vers lui j'ai donné ma parole,
Souffrez que de ce pas.....

CLEOFÉ.

Je vous suis, & j'y vole.

Gesler dans les rochers !

SCENE IV.
GESLER, MELCHTAL, CLEOFÉ.

GESLER, *sur le haut des rochers.*

Les perfides !

MELCHTAL.

Ah ! Ciel

Notre victime !

CLEOFÉ.

O Dieu !

TRAGÉDIE.

MELCHTAL.

J'y cours.

CLEOFÉ.

C'est fait de Tell.

GESLER.

Cherchons Tell ; que ce traître aux supplices en proie....

SCENE V.

TELL, MELCHTAL, GESLER, CLEOFÉ.

TELL, *paroissant sur les rochers opposés, & tirant une fléche sur Gesler.*

Reconnois Tell, barbare, à la mort qu'il t'envoie.

GESLER.

Sort cruel !

CLEOFÉ.

Cher époux !

TELL, *suivi d'une foule de peuple descendant des montagnes.*

Liberté, liberté.
Regardés, peuple, amis, le coup que j'ai porté,
Sur ce rocher sanglant ma victime étendue,

Voyez la tirannie avec elle abatue,
Voyez de ce château son infâme arsenal,
Sortir par tourbillons la flâme pour signal,
Qui parcourant les airs sous cet heureux auspice,
Du souffle d'un tiran semble épurer la Suisse :
Albert va nous poursuivre, & venger son trépas,
Mais nés républicains nous sommes tous soldats,
Aisément la valeur sur le nombre l'emporte,
Contre ses ennemis la Suisse est assez forte.
Vous voyés tous ces lacs dont ces lieux sont coupés,
Ces chaînes de rochers & ces monts escarpés,
Boulevards de nos bourgs, abri de nos campagnes,
Albert ne peut percer jusques dans nos montagnes
Que par les défilés qui serrent nos vallons ;
Avant leur arrivée emparons nous des monts,
De nos mains ébranlons des roches toutes prêtes,
Qui, dès qu'ils paraîtront, rouleront sur leurs têtes :
Le trouble & le désordre une fois dans leurs rangs,
Tombons, fondons sur eux ainsi que des torrens,
Que la fléche & l'épée, en doublant le ravage,
Des bataillons rompus fasse un vaste carnage.
Qu'il ne leur reste enfin, pour arrêter nos coups,
Que leurs débris sanglans semés entr'eux & nous.

TRAGÉDIE.

MELCHTAL.

Brave Tell, ton discours comme des traits de flâmes,
Tu le vois dans leurs yeux, vient d'embrâser leurs ames.
La victoire ou la mort.

TELL.

Voilà le vœu commun :
Ce sont deux sentimens, peuple, n'en ayons qu'un ;
Braver le sort n'est rien, il faut qu'on le décide.
La fortune seconde une audace intrépide.
Qui veut vaincre, ou périr, est vaincu trop souvent ;
Jurons d'être vainqueurs, nous tiendrons le serment.

FIN.

APPROBATION.

J'ai lu par ordre de Monseigneur le Vice-Chancelier, *Guillaume Tell*, Tragédie, & je crois qu'on peut en permettre l'impression. A Paris, ce 16 Mars 1767. MARIN.

www.ingramcontent.com/pod-product-compliance
Lightning Source LLC
LaVergne TN
LVHW051457090426
835512LV00010B/2193